AF391757

Les Brèves de mon Comptoir

BOUGLOUAN Denis & Loïc

Publication 2019

Edition : BOUGLOUAN Denis – Champagne-Ardenne

Achevé d'imprimer en août 2019

Dépôt légal : Avril 2019

ISBN n°978-2-9565530-9-0

Mise en page et distribution du livre : www.ebook-creation.fr
L'autoédition facile !

TABLE DES MATIÈRES

PREFACE

Bon vent, bonne route à ce, "Les Brèves de mon Comptoir ". Souhaitons-lui le même engouement suscité par son aîné, auprès des lecteurs locaux ou des environs.

On aimerait même espérer un succès égal à celui rencontré par ses très reconnues, "cousines", recueillies et publiées par Jean Marie GOURIO. Jusqu'à être adaptées à la scène et à l'écran.

"...du Comptoir"... Quel comptoir ? Celui du Café du Pont, « mais c'est bien sûr » ! diront certains. Vénérable institution - à quand remonte son avènement…-, il dresse son flanc d'une autre époque le long de la Vaux. Les eaux de la rivière entendent -elles cette complainte des "paumés du zinc", l'œil vague et mouillé, rivé sur la mousse descendant lentement le long de leur demi-pression, et qui dit « qu'un barman, ça écoute les chagrins et les salades, les amours qui pleurent, les cœurs malades ». Qui sait ? Bar, Café, Bistrot, Estaminet, un peu tout à la fois… Sans nul doute Cabaret, salle de spectacle sans l'enseigne…

Celui-ci est permanent et... gratuit sauf… les consommations, eh ! faut pas pousser quand même…

Avec en vedette une troupe improvisée, au gré des jours : d'acteurs, piliers de bar, qui délivrent à la volée, selon l'inspiration du moment et le degré d'absorption de différents liquides, plus ou moins alcoolisées, paroles définitives, autant de maximes, retenues, et autres aphorismes populaires.

Toujours frappés au coin du bon sens, exemple parfait de "l'exception culturelle Française"...

Dans chacun de ces philosophes qui s'ignorent sommeillent un Coluche ou un Desproges, une espèce de créateur sans le savoir. Mais, ils n'ont pas le succès du plus célèbre des potes du "Café de la Gare"...

Alors, je crois qu'il est temps de leur rendre hommage en leur dédiant cet ouvrage (Si les responsables de la publication l'autorisent ?). Et ne pas oublier que ces humbles "penseurs de l'ombre", restent l'image d'une libre expression, jumelle de celle des Ronds-Points. Apaisée, voire pacifique et fantaisiste, en ces temps de turbulences du samedi, dans cette mode du charivari "à tout va" des réseaux sociaux …

Gérard JOLLY

TOURNEE GENERALE

Certaines têtes bien pleines vous diront que le
Bistrot est l'Ecole du présent et qu'il aide à
mieux vivre l'instant.
D'autres toutes aussi pleines, vous décriront cet
endroit comme infâme et maudit, source de
toute cette misère sociale ambiante.
Entre l'Enfer et le Paradis, il existe ce lieu de vie
où tous se côtoient, tout s'entrechoque dans un
bruit de "trinquement" de "gobeaux". Un lieu où
chaque individu a sa place, un endroit où quelle
que soit sa condition sociale, il est aisé
d'aborder, coude contre coude, son voisin de
boisson.

Le Bistrot, c'est un cocktail d'individus
improbables, un brassage social dans lequel,
chacun va à la rencontre de l'autre dans la
recherche d'une convivialité parfois enivrante.

Le Bistrot, c'est le lieu de vie où selon l'avancée
du jour, il est aisé, une tasse chaude entre les
mains de se laisser griser, par ses sens au gré
des odeurs, des couleurs, de la musique et de
tout ce brouhaha d'une vie généreuse et
familiale ambiante.

Le Bistrot, c'est de la Poésie en Prose, c'est
toute notre société revisitée et réparée en
quelques phrases. C'est le lieu où tout peut être
dit, de la pensée la plus profonde à l'idée la plus

loufoque, parfois dans un vocabulaire
œnologique.

Le Bistrot, c'est le lieu où l'on aime, gaspiller son
temps, poser ses fesses sur une banquette ou
debout, arc bouté au zinc, à regarder la vie qui
se fait tout autour, à l'écouter sans jamais être
obligé d'y contribuer.

Le Bistrotier, au milieu de cette foule joviale et
disparate, est le chef d'orchestre. Il faut bien sûr
remplir les verres à la demande, gérer les excès
et les débordements pour sauvegarder
l'ambiance, surveiller les grincheux et les "rats
de cave". Être attentif afin de ne louper pas une
tournée de canons à la table des "Beloteux".
C'est vendre le petit verre de rouge abrasif avec
le même sourire que la bouteille de Dom-
Pérignon.

Le Bistrotier, c'est dire plus de bonjours qu'on
en reçoit, c'est un sourire accroché dès le matin
à la mâchoire, qu'il ne faudra quitter que tard
dans la nuit. L'attractivité de l'endroit dépend de
sa personnalité et chacun vient pour ses bons
mots, sa gentillesse et sa disponibilité, souvent
cela passe avant la qualité des "breuvages" qu'il
propose.

Le Bistrotier, c'est le juge, le shérif incontesté du
lieu, en deux battements de cils, il doit trancher
sur une conversation qui s'enlise, c'est le tout

connaître sur les règles du billard, fléchettes, ou des jeux de carte et montrer son habileté en toute circonstance avec désinvolture.

Le Bistrotier, c'est l'instantané de l'entretien, le Monsieur propre du lieu… Un petit coup d'éponge sur le coin du bar ou sur les tables, car il doit humidifier l'intérieur du client et non pas l'extérieur.
Ramasser le verre cassé lâché par une main devenue trop fébrile. Loqueter, vérifier l'état des toilettes et du dévidoir à papier, c'est avoir l'œil caméléon.

Le Bistrotier, c'est le Gardien du Trésor, tout doit être organisé pour que la symbiose règne entre la cave et la caisse, il en va de la survie de l'établissement. Chaque verre doit être encaissé, entre les payements après consommation ou différé à la sortie du bar, il faut donc trouver le propriétaire de la tournée et parfois même enquêter, il faut être plus rusé que le plus rusé renard.

Le Bistrotier, travaille sur du vivant, il vous confectionne la chimie du bonheur si vous ne l'avez déjà pas trouvé en bouteille, c'est le baromètre de votre état de santé, il vous avertit du moment probable où vous passerez plus de temps avec votre médecin qu'au bistrot. C'est la voix de votre raison que votre raison ne doit pas ignorer.

Pour conclure cette apologie du lieu et de son gardien, songer que :
Si notre monde n'est que superficiel et improbable, c'est que celui qui l'a créé, n'a appris que la charpente pendant ses jeunes années. Si Jésus avait été Bistrotier… Imaginez les compétences acquises et ce monde merveilleux dans lequel nous vivrions.

Bouglouan Denis

PRESENTATION DU ZINC…

Que dire sur le Café du Pont qui n'a déjà été dit.
Son historique a déjà été écrite et réécrite et
mainte fois commenté.
Si sa création plusieurs fois millénaire (Se
reporter au N° 1 de nos brèves) est connu, bien
souvent des historiens s'étonnent des richesses
de son passé et les liens étroit avec l'histoire de
notre pays ou simplement locale.
Il faut comprendre que Signy-l'Abbaye depuis le
XII siècle, avec l'attrait de sa prestigieuse
Abbaye recevait les plus importantes
personnalités. C'est ainsi que sur plus de 5
siècles, Rois, Reines et tout le gratin de l'Europe
venaient un jour ou l'autre, se recueillir en ce
lieu béni de Dieu.
L'Auberge du Pont (Café actuellement) était
l'endroit incontournable pour ses services de
bouche et, bien souvent, ces prestigieux
visiteurs préféraient une soirée conviviale et
festive en cet endroit plutôt que le calme et la
rigueur monastique imposés de l'Abbaye.
Année après année, siècle après siècle, les
livres d'or du Café du Pont se replissèrent et
s'accumulèrent dans le grenier.
Si la bibliothèque de l'Abbaye fut brulée en
grande partie par les Révolutionnaires en place
publique, les livres du Café du Pont furent
empoussiérés, puis oubliés car dans un bistrot,
les greniers sont beaucoup moins visités que les
caves.

Ouvrons quelques pages au hasard et plongeons-nous dans ce passé oublié.

Sur les écrits du XVII siècle, il est signalé que la petite rivière (La Vaux) qui baigne la localité, a la particularité d'avoir trois sources, la source bleue de Librecy, le trou du Gibergeon et la sortie des urinoirs du Café du Pont.

Actuellement, l'endroit étant énormément moins fréquenté, cette troisième source ne coule que par intermittence.

Feuilletons d'autres pages, plus proches de nous…

Le 12 octobre 1870, un jeune écrivain sulfureux de Charleville se laissant bercer par ce lieu paisible prend possession de la terrasse et commence à noircir quelques feuillets.

L'inspiration est dévorante et rapidement les premiers vers d'un sonnet en Alexandrin tintent agréablement aux oreilles de ceux qui l'entourent.

« C'est un trou de verdure où chante une rivière
Accrochant follement aux herbes des haillons
D'argent ; où le soleil, de la montagne fière,
Luit : c'est un petit val qui mousse de rayons… »

Devant l'admiration provoquée par ces écrits, le jeune poète se laisse allez à quelques libertés fort déplacées envers le serveur qui n'était autre que le fils du patron.

L'homosexualité flagrante, révélée de l'écrivain
provoqua un scandale en terrasse et le
tenancier de l'époque chassa avec fracas cet
« Arthur » venu de la ville.
Les spécialistes de cet auteur affirment que
c'est à cause de cet incident que les vers
suivants, écrits dans un autre lieu, parlent de
sang et de mort…
Il n'en reste pas moins que dans la cave du café
de très veilles chaises moisissent tranquillement
depuis maintes décennies et si l'une d'entre était
reconnue comme avoir servi de refuge au
postérieur de cette illustre poète, la fortune du
lieu et du propriétaire serait assurée.

Il est maintenant temps de refermer ces livres et
veuillez m'excuser pour ce texte hors sujet,
pratiquement historique et trop sérieux pour
paraître dans un ouvrage léger et humoristique
comme les « Les brèves de mon comptoir »

   Le Tenancier contemporain : Bouglouan Denis

ALCOOL

1- C'est la rotation de la terre qui fait qu'on est plein en sortant du bar.

2- L'hygiène de vie c'est faire reculer l'âge de la mort en se lavant les mains avant de boire l'apéro.

3- Quand le Ricard se met en boule ... T'es saoul deux fois moins vite.

4- Je suis né l'année où il y avait tellement de prunes que tout le reste de ma vie, j'ai ramassé des balosses.

5- La traçabilité du pinard est visible de la tache sur le comptoir, jusqu'à ton fond de culotte !

6- Pour pouvoir boire, j'ai coupé mes moustaches, ça freinait le débit !

7- Ce n'est pas mon père qui m'a appris à boire, pourtant j'y arrive très bien !

8- Ferme ta gueule ! T'as du Ricard entre les dents !

9- J'ai plus trop d'appétit, car ton eau du Ricard est trop calcaire.

10- Un double Ricard et vite ! Sinon c'est non-assistance à personne en danger !

11- On m'a piqué mon permis de conduire pour un rosé de trop... Ça n'arrivera plus car maintenant je bois de la bière !

12- Tous les jours on dit que je suis saoul... C'est vrai ! Mais jamais de la même manière.

13- Jamais d'alcool dans un ventre vide... Il faut toujours boire 2 ou 3 bières avant !

14- J'engueule mon verre car je trouve qu'il se vide trop vite.

15- Je ne bois jamais au volant car on a bien le temps avant !

16- Bah … Le pinard me fait vomir quand je n'en bois pas !

17- Un Général, c'est important !
    Il y a autant d'étoiles sur son képi que sur le goulot d'un litre de vin.

18- Ton vin, il est frais.
    -    Le mien aussi, mais ce n'est pas le même frais que le tien.

19- La Kronenbourg…
    C'est la céréale du peuple !

20- J'aime la simplicité du Pinard, un vin capsulé n'est jamais bouchonné !

21- En buvant mes douze Chimay, je ramasse qu'une demi-caisse car la caisse contient 24.

22- Je veux mourir paisiblement et vous n'entendrez même pas mon dernier "Glouglou".

23- Il s'est jeté corps et âme dans la bière et il est mort fermenté.

24- J'ai toujours la tête dans les étoiles, je suis un autostoppeur galactique…
- Ben ta galaxie, elle se limite à 50 cm de ton verre !

25- ça brulait quand je pissais … Sûr que c'était du 50°.

26- RICARD…. C'est le Mozart de l'apéro !

27- Le Pinard me tord les boyaux quand je n'en bois pas !

28- C'est un réel honneur de pouvoir picoler un peu avec un alcoolique tel que vous !

29- Dans le vin, c'est le Tanin qui Tétanise l'homme qui rentre près de sa femme.

30- J'aimerais bien arrêter de boire, mais j'ai encore des sous !

31- Sans doute l'appréhension, je tremble toujours devant mon premier verre.

32- Plus je bois frais, plus je suis chaud.

32- le jour le plus long, c'est celui où tu ne vas pas au bistrot.

33- Un Ricard 0°… C'est quand t'oubli de mettre le Ricard.

34- Dans ce bistrot, on a bu notre vin blanc avant notre vin rouge.

35- Quand tu bois, t'as des bonnes idées… Et t'as surtout l'idée de ne pas arrêter de boire.

36- Et en Angleterre, tu fais comment pour commander un whisky ?

37- Jamais je ne bourrais jamais seul, à deux, c'est mieux et au moins, ça m'oblige à attendre l'autre.

38- Il faut que je fasse une alerte enlèvement pour qu'on me ramène mon verre devant moi ?

39- Le bistrot, c'est le refuge des sans-abris, des sans-travail et des gens mariés...

40- Il boit parce qu'il a beaucoup de lacunes à noyer.

41- Pour apprécier un vin, il faut s'en imprégner et plus tu t'imprègnes, plus il est bon.

42- Accroché en permanence au même comptoir, il a une vie de bernique. Moi, je suis plus bigorneau en pratiquant les bars parallèles

43- Au bistrot, si tu bois les paroles des clients, t'es plein aussi.

44- Patron, une tournée générale pour apprivoiser les cons et pour pas les éloigner du comptoir

CUISINE

1- Il n'y a que chez nous en France qu'on mange les cuisses d'escargot.

2- Ce qui est bon dans la compote de pomme, c'est la compote parce que les pommes, ce n'est pas terrible…

3- Regarde comme ça sent bon.

4- En Pologne on ne fait pas d'élevage car on ne sait pas distiller les bestioles.

5- Il n'y a pas de recettes de cuisine Polonaise car elles sont trop Vodkanisantes !

6- J'apprends ma femme à faire la cuisine… Alors je dis : " 2cl et mets un glaçon".

7- En Pologne, C'est tellement "dégeux" que si t'es pas plein, tu ne bouffes pas ton assiette.

8- On mange les cuisses de grenouille parce que les têtards n'ont pas de pattes !

9- Le vin c'est pur !
     Même un vin crémeux, tu ne fais pas du Yaourt avec !

10- Un cannibale végétarien ne mange que la plante des pieds.

11- Les Chinois respectent la bouffe qu'ils font car parfois, ils y mettent des membres de leur familles.

12- En fait, un animal mort se reconnaît à la couleur de sa viande.

13- Pendant le Ramadan, les pieds de porc sont plus chers que les pieds de cochon.

14- Fini pour moi le "Barbeuk"... A chaque fois, je finis plus griller que les saucisses.

15- Dans les pâtes à la sauce tomate, c'est le bout de viande qu'est bon !

16- Le steak et les frites vont bien ensemble, pourtant ce n'est pas élevé pareil.

17- Ton machin à gaz pour faire les frites, branché sur la prise de courant … C'est le bordel !

19- Les crêpes c'est fait avec des œufs de poules et du lait de vache et aucune de ces bestioles ne connaissent la recette.

19- Tu es fier de ta progéniture … Comme une poule devant une omelette !

20- Je n'aime pas le poisson, pourtant ma femme c'est un thon qui se maquille à la graisse de baleine.

21- Les Anglais mangent sucré parce qu'ils ont encore une Reine.

22- C'est en regardant ma femme cuisiner que je me suis mis à boire.

23- Avec le réchauffement climatique, bientôt il n'y aura plus de surgelé.

24- Certaines herbes bien choisies et tu fais du Ricard. Si tu prends tout, tu distilles comme dans une panse de vache et t'as du lait.

25- Un repas équilibré, c'est un verre dans chaque main.

26- Il y a toutes sortes de viandes où tu trouves des petits os de poulet.

27- Dans ce resto, quand tu vois ce qu'il propose dans l'assiette, tu préfères ce qu'il y a dans le verre.

28- Faut aller le chercher le saumon sauvage..., c'est très cher car quand tu l'appelles, il ne vient pas.

29- Une huître ne se sent pas à l'aise dans une bourriche, quand tu l'ouvres, tu vois bien qu'elle est dépressive.

30- Une cuisse de poulet et un rôti de porc, ça n'a pas le même goût car les bêtes ne chantent pas pareil.

31- Le patron lui sert des bières sans mousse, sinon il dit qu'il a des congères dans le cerveau.

32- Il y a tellement de gaz dans le Perrier que tu peux mettre ta tête dedans, tu respires quand même.

33- Même si les Arabes n'en bouffent pas, il faut reconnaître que le porc a eu le courage de faire sa viande moins chère que les autres.

34- Les boyaux doivent être vachement déboussolés quand il digère des tripes.

NATURE

1- Pour mes chats, j'achète des boîtes pour chien, ils ne voient rien car j'enlève les étiquettes.

2- Un manchot ça a le cœur sur la main, ça paye rubis sur l'ongle !

3- Tous les ans, notre Doudou nous fait un feu des Buires flambant neuf.

4- Si les perches et les brochets ont des épines sur le dos ... C'est pour éviter que des connards ne leur marchent dessus…

5- La dimension d'un mètre. C'est le mètre étalon... C'est la longueur de la bite du cheval qui fait un mètre.

6- L'élevage c'est plus ça !...
Les vaches deviennent frigides, les taureaux
impuissants et avec l'insémination, c'est moi qui
dois tout faire !

7- Maintenant ils mettent du glyphosate dans les
couches bébé pour éviter l'épilation des poils du
cul quand ils seront adultes.

8- Et le miel de Chrysanthème, c'est du miel de
mort ?

9- Entre le Bovin et Ovin, je choisi le Vin !

10- L'Afrique noire, c'est la zone sombre de la
planète.

11- Un ouragan, ça emporte tout comme un
ouragan.

12- Hier j'ai pêché une truite bizarre …
     A la place de la tête, il y avait la queue !
     Heureusement qu'à la place de la queue, il y
avait la tête.

13- La gelée Royale, c'est cher car ça sort du
dard du bourdon !

14- Les Bretons gueulent quand les pétroliers s'échouent…

Ça serait des pinardiers, ils fermeraient leurs gueules !

15- C'est l'après-midi qu'on fait les meilleurs bains de minuit.

16- Un pigeon mâle pond des œufs blancs tandis que sa femelle les pond plutôt gris …

17- Les singes devraient être comme nous si leur branche avait bien poussé !

18- Il n'y a rien de plus poilu qu'un oiseau Africain !

19- Les meilleurs chevaux au monde sont les chevaux Arabes… Et ces cons ne montent que des chameaux.

20- Faut toujours boire un peu d'eau car les poissons n'ont jamais mauvaise haleine !

21- Moi, j'aimerais pêcher le saumon sauvage en Irlande…

-   Parce Que tu penses qu'ici le saumon est apprivoisé ?

22- La vitesse de la lumière va hyper vite… mais dans le noir… Elle bouge plus !

23- Y'a plus de baleines car elles veulent s'accoupler avec des sous-marin et les hélices leur coupent la queue… !

24- Maintenant mon boucher vend de la viande "maturée" bientôt il la vendra gangrenée.

25- La tour Eiffel est super haute, mais si les Chinois viennent à Paris, c'est qu'ils ne la voient pas de chez eux.

26- Je parle aucune langue étrangère, déjà que je ne comprends pas les poules au fond du jardin.

27- Un bateau, ce n'est pas branché sur le tout à l'égout ?

28- Ni vu, ni connu et heureux comme un asticot endormi dans un bol de riz.

29- Mon chien n'a qu'une parole... "Wha - wha"

30- Le général De Gaulle péchait à trois cannes.

31- L'Angleterre, c'est une île, mais on n'a jamais vérifié s'il y avait de l'eau partout.

32- Un poussin qui sort de l'œuf ne sait pas quel oiseau il est.

33- Un jeune chien, jusqu'à temps qu'il aboie…
Il ne dit rien !

34- Les œufs en neige sont des œufs de haute
montagne.

35- Les vaches doivent êtres sacrement
studieuses pour faire du lait concentré.

36- Entre la mer et le bateau, il n'y a qu'une
bouée de sauvetage.

37- Quand le cheval met sa tête entre ses
jambes, c'est juste pour voir si ses couilles ne
traînent pas par terre.

38- On reconnaît un poisson de surface au coup
de soleil qu'il a sur le dos.

39- Les couleurs ont une forme bizarre, et on
n'arrive pas à les empiler.

40- Bien moi, en doublant le volume de glace
dans mon Ricard, je contribue à lutter contre le
réchauffement climatique.

41- Aujourd'hui, il fera jour, jusqu'à temps que le
Ricard tombe dans le verre.

42- Tes abeilles, elles font du miel, mais elles le
vendent combien ?

43- La tapette à mouches, voilà un insecticide vraiment efficace.

44- C'est plaisant de traverser les régions vinicoles car il n'y a jamais de bouchon.

45- Moi je n'irais pas habiter une nouvelle planète habitable car de toute façon, je n'ai jamais réussi à remplir mon dossier d'APL.

46- Un bras c'est fait pour boire car si le coude était inversé, tu renverserais tout.

47- Et le poisson, il est constitué aussi de 80% d'eau ?

48- Parler du réchauffement de la planète, c'est con car ce n'est pas un problème. Il y a des pays chauds ou froids, c'est sûr.
Mais le thermostat existe putain de merde !

49- Le voisin à démousser son toit et depuis, tous les soirs, la lune est dessus ...

50- La liberté, c'est bien, mais tu n'as pas de barrières.

51- Une bête sauvage que t'arrives à photographier, c'est qu'elle n'est pas vraiment sauvage.

52- Le jour et la nuit, ça ne va pas durer une éternité…

- Un jour ou l'autre, ça va s'inverser.

53- T'arrives à situer Signy l'Abbaye sur la carte… ?

- Ben par rapport à Signy l'Abbaye,
- C'est juste là !
-

54- As-tu vu ces cons de la météo. Maintenant, ils décident du temps qu'il va faire, et toi tu te le tape toute la journée.

55- C'est une pluie sèche en Afrique, c'est pour ça que quand il pleut, l'eau ne va pas jusque par terre.

56- C'est sauvage un Africain, en fait, c'est la race qui est partie le moins loin de l'arbre.

57- L'horizon est bouché ..., Quelle ambition peut avoir une vache pour son veau de nos jours ?

58- Les émigrés, c'est juste utile pour travailler dans les zoos.

- Pour pas dépayser les animaux exotiques, il faut du personnel exotique.

59- Les parents sont surpris quand ils apprennent que leurs gosses sont devenus des enfants

PHILOSOPHIE du COMPTOIR

1- Quand t'as tout compris, t'as pas forcément compris le plus important !

2- Il y a plein d'écrivains qu'on ne connaît pas parce qu'on ne les lit pas ... Alors ils n'écrivent pas !

3- Le type qui a écrit le code de la route ne doit vraiment pas être fier de lui pour pas avoir signé son bouquin !

4- L'avenir est dans nos couilles, pas dans nos têtes.

5- Sa parole n'a aucun poids, car il pèse trop ses mots.

6- Il est tellement con que chez lui, une idée, c'est une érection intellectuelle !

7- Je ne parle pas polonais comme les autres parce que j'ai appris tout seul.

8- C'est un manque de respect d'arriver « bourrer » au Bistrot et t'empêches le patron de faire son travail !

9- On n'arrivera pas à se comprendre si on ne
boit pas la même chose !

10- Si tu bois juste pour picoler ... Ça ne sert à
rien de picoler !

11- Un vrai marin doit être bien triste quand il se
fait enterrer !

12- Le contraire du contraire ... C'est vrai !

13- Si tu ne déménages pas... Tu ne seras
jamais ailleurs !

14- Heureusement qu'il y a des cons sur terre,
sinon tu ne saurais pas avec qui t'engueuler !

15- Je ne suis pas ivre mort !
Je ne suis même pas mort…
Puisque je suis toujours saoul !

16- Un moteur à explosion, quand ça explose
trop, ça le casse !

17- Je supporte les conversations d'ivrogne,
qu'avec les ivrognes !

18- En Afrique, les gens vivent moins longtemps
mais ils vivent mieux parce qu'ils sont plus
jeunes.

19- L'homme a un cerveau !
L'enfant a une cervelle !
La femme a un cervelas !

20- Après la jeunesse et avant la vieillesse …
T'es quoi ?

21- Les hiéroglyphes… c'est une écriture pour
ceux qui ne sont pas allés à l'école.

22- Les écolos ont raison de sauver les plantes,
sinon, bientôt on ne pourra plus faire du Ricard.

23- La différence entre hier et aujourd'hui, c'est
que demain c'est plus près.

24- Les enfants vieillissent parce que leurs
parents les mettent au monde trop tôt.

25- J'ai raison d'avoir tort car ces conneries ne sont pas des bêtises.
C'est trop réfléchi pour avoir été pensé.

26- Je ne peux pas faire mon arbre généalogique car mon père n'a pas de mère !

27- Entre "tout de suite" et "maintenant" … Ben ça fait une sacrée différence.

28- Ce n'est pas normal que l'ombre d'un noir ou d'un blanc aient la même couleur… !

29- C'est facile d'être vieux quand on a ton âge !

30- On est raciste parce qu'il y en a qui ne sont pas claire !

31- Pour faire plus d'un heureux, offrez plus d'un euro !

32- C'est ma petite enfance qui m'a vu grandir…

33- On n'est pas d'accord parce qu'on ne pense pas pareil. Sinon ce serait pareil dans le contraire.

34- Dans un bistrot, mieux vaut être sourd… Car si tu bois les paroles des autres clients, t'es plein trop vite.

35- Je suis content d'être devenu con car maintenant je ne suis plus tout seul.

36- Ca me sert à rien d'écrire en arabe puisque je sais pas le lire.

37- J'ai raison d'avoir tort, ces bêtises ne sont pas des conneries car c'est trop réfléchi pour avoir été pensé !

38- Le bistrot c'est un lieu de vie mais si t'es trop dedans… Ben tu ne vis pas vieux !

39- Spiritueux …Spiritisme, c'est pareil.
- Moi quand j'ai trop bu, je rentre en communication avec mon verre !

40- Ce qui est chiant dans un bistrot...C'est qu'il faut attendre entre chaque tournée pour boire un verre.

41- C'était bien mieux avant !
- Avant quoi ?
- Ben avant … Quand mon verre était plein !

42- La grenouille-taureau … Le frelon asiatique …
Tout cela c'est comme l'arabe, ça n'a pas de prédateurs alors ça pullule.

43- Je suis tellement connu que je ne serai jamais un alcoolique anonyme.

44- Un bon verre à vin, c'est un verre qui ne se renverse pas.

45- Il faut faire attention à sa santé et savoir boire avec parcimonie … un verre tous les quarts d'heure et pas plus !

46- Je ne suis pas jaloux, je ne regarde jamais dans le verre des autres.

47- Le contraire du contraire… Bien c'est le contraire vrai !

48- Il faut vraiment être très con pour penser que je suis un imbécile.

49- Pour garder un secret, il faut s'y mettre à plusieurs.

50- Tu m'arrêtes si je dis vrai.

51- Une main, ça sert à boire un coup et à se branler, et c'est pour cela que les femmes la demandent.

52- Il n'y aurait pas de racisme, on ne serait même pas fier d'être blanc.

53- Parler seul, c'est con !
   Mais te parler, à toi, c'est encore plus con !

54- Quand tu bois dans un bar, t'as pas trop le temps de parler.

55- C'est la mauvaise matière grise qui produit les idées noires.

56- Il parait qu'il faut une tête bien faite plutôt qu'une tête bien pleine…
   -   Dommage car chez moi, tout est plein.

57- Bien moi, quand je suis tout seul, je ne parle pas.

60- Un village où il y a des morts, c'est un village qui vit.

61- Il devrait y avoir le journal du lendemain pour ne pas être surpris des nouvelles du jour.

62- Attention, … Quand tu dis des paroles sensées, tu passes vite pour un con.

POLITIQUE

1- Heureusement qu'on fait des guerres régulièrement car sinon on aurait plus d'anciens combattants

2- Même les gens du voyage arrivent à se fixer au bistrot.

3- Les écoles sont vides…
    Les profs sont absents ou malades …
        Et les élèves se font renvoyer quand même !

4- Nos voitures peuvent rouler à 180km/h mais c'est interdit de dépasser le 80…
  Et comme toujours, c'est l'état qui se fout les 100 km dans la poche

5- "Le vin de la communauté Européenne" …
Voilà tout ce qu'elle a fait de bien cette Europe !

6- Certains mendiants couchent sous le pont, et d'autres changent de porche tous les soirs.

7- Maintenant, les concessions du cimetière c'est 30 ans et pas plus. Après, les morts ne pourront plus garder leurs tombes toutes leurs vies !

8- Justice de merde, je n'ai pas mon permis de conduire et si je fais de la tôle, je ne sortirai jamais pour "bonne conduite".

9- Jamais on me fera fermer ma gueule car j'ai des choses importantes à dire "Patron, un autre s'il vous plaît !"

10- Un homicide sur un homme de 50 ou 110 kg, … Ben ce n'est pas la même chose.

11- Un mec rentre dans ton bistrot.
- On est là...Et il nous rafale tous…
- Nous…Mors, tous raides ! ...
- Qu'est-ce qu'on fait… ?

12- Quand tu fais partie de la bonne race, ce n'est pas un mal d'être raciste.

13- Puisque l'Europe à 27 ne marche pas, ben on n'à qu'à la faire juste avec nous, et sans la Corse.

14- Moi j'ai toujours voté blanc… Soit dit en passant, tu n'as pas beaucoup d'autres choix dans les couleurs…

15- Un Français moyen, c'est toujours un étranger, mâle et intégré.

16- Tolérance Zéro alcool au volant… Pas possible, autant arracher le volant.

17- Si les Arabes, les Noirs et les Négros
arrivent à avoir un passeport…
    Ben on est foutus !

18- Gros bordel l'Ecole…
    -    Les gosses étrangers parlent pas
         Français, et nos gosses doivent
         apprendre les langues étrangères.

19- Je n'ai pas d'opinion, mais je le courage de
l'afficher.

20- Tous ces politiques qui mettent de l'eau
dans leur vin, ben je ne voterai jamais pour eux.

21- Faut bien reconnaître que les migrants qui
viennent chez nous, volent, violent, assassinent,
mais ne boivent pas.

22- Politiquement, un PD, c'est MODEM car ça
aime le centre et se faire enfiler.

23- Avec ton portable t'es fliqué, on peut
toujours savoir où tu te trouves… !
    -    Belle affaire, je me trouve toujours ici, à
         50 cm de mon verre avec ou sans
         portable.

24- Heureusement que d'autres races existent,
sinon les racistes n'existeraient pa

RELIGION

1- Jésus, c'est un imposteur, un Arabe comme les autres. Dans sa crèche, il n'y a pas un seul cochon !

2- Moi la ressuscitation, je n'y crois pas ! Revenir à la vie après la mort... Autant pas mourir !

3- Je suis tout de même "Catholique" puisque je vais au Secours Catholique !

4- De nos jours, on agraferait Jésus sur la croix et ça ferait plus poster !

5- Si je meurs… C'est point-barre..., et ce n'est pas moi qui ferai quelque chose pour ressusciter !

6- Rendre l'âme … Déjà si t'en as une et à qui ?

7- Quand la mort nous sépare, elle partage bien sans nous couper en deux.

8- Denis. Tu es le Pape du bar car tu passes ton temps à canoniser les clients.

9- Les Djihadistes sont des bêtes à Bon Dieu !

10- Jésus il avait quel grade pour pouvoir donner des ordres aux papes.

11- Les Arabes seront intégrés quand ils seront plus Arabes !

12- Jésus, c'était un homme pieux … C'est pour cela qu'on l'a cloué.

13- Jésus Christ… Mais pas assez fort !

14- Le Beni dans l'eau bénite se voit moins que les bulles dans le Perrier.

15- Ah les curés ne boivent pas mais dans la sacristie, ils se tapent du 12 ans d'âge quand même et pas qu'un doigt …

16- En fait, le Bon Dieu n'en fait pas plus que moi.

17- Si c'était vraiment le fils de Dieu, les clous ne seraient jamais entrés dans ses mains.

18- La Bible et le Coran, ce sont les mêmes bouquins, mais il y en a un, que tu n'arrives pas à lire.

19- Dieu comprend toutes les langues mais n'en parle aucune, il reste muet.

20- Et encore, on a de la chance que les Chinois ne soient pas Arabes.

21- L'église se laisse aller…
-       Vous verrez qu'un jour, ce seront les
        enfants de cœur qui violeront les curés.

22 - Mahomet, il n'a pas de visage, on ne le voit
jamais et pourtant il est recherché par 3 milliards
de Musulman.

23- Jésus, je n'y crois pas car un mec qui
change l'eau en vin aurait beaucoup plus de 12
apôtres derrière son cul.

SANTÉ

1- Je préfère être noyé dans une piscine plutôt que dans l'eau de mer car c'est plus propre.

2- Il est tellement gros qu'il transpire des bouts de fromage.

3- Je suis en bonne santé, mais je suis comme tout le monde, je risque le cancer du vin !

4- Il est multi-décédé car il avait plusieurs maladies.

5- Je bois la nuit, parce quand je suis bourré la journée, je pisse au lit !

6- Une mère porte un amour viscéral à ses enfants car les neuf premiers mois ils jouent avec ses boyaux.

7- Ma femme a un ventre comme un coffre-fort ... Je lui fais des tas de gosses, mais ils ne sortent jamais !

8- Ils m'ont opéré du cœur sans même m'ôter les chaussures, pour me remettre plus vite sur pied !

9- Les gosses de vieux arrivent tous au monde sans cheveux et sans dents.

10- Je n'aime pas mourir car le lendemain j'ai mal à la tête.

11- Quand tu meurs vivant, tu loupes tes rendez-vous du soir.

12- Moi je ne regarde pas ce que je vois parce que j'ai les yeux trop clairs.

13- Quand on est jeune et vigoureux, on est P.D !

Quand on n'est vieux, on est plus qu'un enculé !

14- Un chirurgien Arabe opère toujours en direction de la Mecque. En cas où il te loupe.

15- Attends que j'enlève mes lunettes car je n'entends rien quand tu bois.

16- De nos jours, les jeunes vieillissent tellement vite, qu'ils savent plus à l'âge où ils sont nés.

17- Moi, je ne rentrerai jamais en EHPAD…
Je préfère me faire sucer la bite dehors, plutôt que se faire torcher le cul dedans !

18- En Hôpital psychiatrique, quand t'as trop d'idées noires, ils te font un lavage de cerveau.

19- Je n'aime pas les Arabes parce qu'ils font toujours grise-mine !

20- L'euthanasie, c'est assassiner avant de mourir.

21- Hou là là … J'étais vraiment malade, mes microbes avaient chopé une mauvaise bactérie.

22- En hiver, la grippe, tous ces nez qui coulent… Ça donne envie de manger des huîtres.

23- Pas de vin en vente dans les pharmacies, pourtant, avec, tu guéris plein de choses…
- Quoi ?
- La soif !

24- Un petit verre de vin, c'est bon pour la santé et le reste de la bouteille, c'est pour la gaîté.

25- Un bain tiède, c'est quand l'eau froide est à la même température que l'eau chaude.

25- Une femme qui accouche souffre "Tripes et Boyaux"

26- Si ta mère avait poussé moins fort… Tu ne serais pas arrivé à l'heure de ta naissance.

27- Dans le bar, quand t'as mal au bras, c'est plus la tendinite de comptoir que la crise cardiaque.

28- Il était tellement petit que sa tête ne dépassait pas ses poches.

29- Bien sûr qu'un spermatozoïde peut boire de la bière … S'il a 18 ans.

30- En fait… Faut rien boire !
        Les vins et Spiritueux … C'est l'alcool !
        Les sodas ou jus de fruits … C'est le sucre !
        Les eaux … C'est le calcaire !

31- Sur l'échographie de mon foie.
        On voit plus l'échographie car on voit que mon foie !

32- Malgré mes 3 litres /jour, j'ai aucune fuite urinaire !

33- L'alcool a brulé mes tissus…
        Et moi j'étais dedans !

34- Mon chirurgien ne veut pas m'opérer car il ne veut pas travailler sur de la viande marinée.

35- Qu'est-ce qu'on est bien quand on est plein !

36- La cirrhose aiguë, c'est la crise cardiaque du foie.

37- Bah, les Arabes font toujours grise mine !

38- A l'hosto, ils m'ont même fait un "encéphalusogramme" … !
- Bien c'est sûr qu'en cherchant dans ta queue, il risque plus de trouver que dans ta tête.

1

39- Pfut. Les écolos. !
   Bientôt ils vont interdire les sangsues sur les mecs bourrés.

40- Moi, je n'ai pas la folie des grandeurs. Je vois que des petites souris roses !

41- Quand t'as la gueule de bois, tu bois la même chose que la veille … et t'es aussi plein !

42- Je ne bois plus de Perrier car quand tu as enlevé les bulles, t'as plus d'eau !

43- Le problème de l'alcool, c'est que ça se mélange avec le sang.

44- Si les veines sont bien étanches, tu peux boire, l'alcool ne passera pas !

45- On attrape moins de microbes par la bouche que par le cul, et c'est normal vu ce qu'on avale dans ce bistrot.

46- Ce n'est pas toi qui sais si t'es mort… C'est le médecin qui vient constater, et qui te le dit !

47- Chez les jumeaux, parfois ils sont trois et le deuxième, on ne sait jamais s'il ressemble au premier ou au dernier.

48- Un bébé dans un ventre c'est une bonne place, au moins on ne risque pas de s'asseoir dessus.

49- Quand t'as Alzheimer, bien tu ne vois que des nouvelles têtes.

50- C'est sûr qu'un muet, ça ne raconte pas de conneries.

51- Comment ça, "Jeanne d'Arc s'est éteinte sur un bûcher" ?

52- Moi je serai d'accord pour prolonger la vie et raccourcir l'éternité.

53- La prise de sang sert à voir que les globules rouges transportent bien du vin rouge et les blancs, du vin blanc.

54- Les vrais jumeaux sont toujours PD car pendant la grossesse ils passent les 9 mois à se tripoter.

55- Faut lui dire cash à ton toubib… C'est un arrêt maladie longue durée ou un arrêt maladie chaque semaine.

56- Si on mourait tous bien portant, ça sauverait la caisse maladie.

57- C'est une fausse alcoolique anonyme… On la connaît, elle ne boit pas.

58- Quelques légères fuites urinaires pour plus de 40 ans de bar, c'est une usure normale.

59- La chute des cheveux ne fait pas de bruit.

60- Il a une drôle de tête, on dirait qu'il n'a pas bu !

61- Bien oui, tu peux choper une tumeur du cerveau même si tu ne t'en sers pas.

62- Après un bon apéro, il faut éviter de roter… Et quand t'es plein, ne faut surtout pas péter.

63- Sur la Côte d'Azur, ils sont friqués mais ce ne sont que des vieux et des éclopés … Tiens pour preuve, à Cannes, ils en font même un festival…

64- Un lépreux se doit d'avoir une bonne tête car il ne peut pas compter sur ses doigts.

65- Ma peau, j'en prends soin car j'habite dedans.

66- Le sang, c'est tout rouge, il est fort le chercheur qu'a trouvé le globule blanc…
  -    Oui, il a vraiment des bons yeux.

67- Mon Médecin m'a dit que j'avais trop de fer dans le sang, Moi, je n'en ai rien à foutre car je récupère que le cuivre.

68- Obligé de boire de l'alcool, car les médocs du toubib me provoquent de la rétention d'eau.

69- Quand tu bois 3 litres par jour, les yaourts au bifidus actif…, Ben ce n'est pas utile !

70- En fait, aujourd'hui, une vie de bistrot, c'est une vie de modération !

71- Avec un bon cerveau, tu peux tout comprendre mais ça ne te sert à rien quand tu bois un coup !

72- Le bistrot c'est super bien car j'aime quand les gens me regardent boire. !

73- La moitié de la chaleur de ton corps, s'échappe par la tête. Il faut boire pour freiner le processus, c'est l'opération tête froide.

74- Y'a que l'Abbé Pierre qui savait lutter contre le froid.

75- Tu marches toujours devant toi, parce que les genoux ne se plient pas dans l'autre sens.

76- J'aime bien les gens qui ne font pas de bruit après leur mort.

77- Je suis donneur d'organes, mais ce n'est pas un libre-service, c'est juste ceux dont je ne me sers pas !

78- Si tu meurs pendant le sommeil, ça doit te faire drôle quand le réveil sonne le matin et que tu ne te lève pas.

79- La jeunesse n'a pas d'avenir car elle vieillit trop vite.

80- Un enfant, ça grandit de quel côté… ?
-       Ça pousse le ciel ou ça tasse la terre ?

81- Plutôt que de vieillir en EHPAD, moi, je préfère vieillir tout seul dans ma maison…
        Et d'ailleurs, c'est ce que j'ai toujours fait.

82- La terre est ronde et si t'as les pieds plats, forcément t'as des problèmes pour marcher.

83- Le langage des signes, c'est fait pour le Ricard…
-       Un doigt à l'horizontal pour le Ricard.
-       Un doigt en vertical pour l'eau.

84- Si tu meurs sans être malade, t'as pas besoin de la Sécu.

SEXE

1- S'il a tué une femme sans la violer, c'est qu'il n'avait pas de motif !

2- Les femmes ne portent pas plainte pour viol, car ensuite il faut faire des reconstitutions !

3- Fini tout ça ! Je ne caresse plus l'oignon de ma femme, ça ne la fait même pas jouir et moi ça me fait pleurer…

4- J'avais une maîtresse paraplégique… Le top, tu la ramassais le matin, là ou tu l'avais prise le soir !

5- 12 Gosses à 39 ans… Il a les spermatozoïdes butineurs.

6- 5 ans de taule pour un viol par consentement mutuel, ce n'est pas cher payé !

7- Faut savoir !
   Trop raide pour rester au bistrot et pas assez pour contenter madame …

8- Vercingétorix l'a eu dans le cul à Alésia car César avait la gaule !

9- Un chien fidèle ne se reproduira jamais !

10- Après 60 ans, les érections du matin ne sont plus que les rêves du soir.

11- La différence entre un homme et une femme, c'est que la différence entre !

12- L'amour avec quelqu'un, c'est super… ça change.

13- J'aimerai une femme, je lui offrirais du Ricard car dans un verre, il y a plus de plantes que dans un gros bouquet.

14- L'amour d'un homme ne vaut pas l'amour d'un chien (Paroles de chattes)

15- Je ne vais jamais voir ma copine bourré…
Alors on ne se voit pas !

16- Ma femme, c'est ma petite maison et il n'y a que moi qui la bite !

17- Quand je m'assois sur le pot de chambre, mon cul rentre dans le pot, quand c'est ma femme qui se met dessus, c'est le pot qui rentre dans son cul…

1

18- J'ai fait trois gosses avec ma femme mais elle en a fait plus que moi car on était beaucoup à table.

19- La différence entre un homme et une femme, c'est que la différence entre.

20- Malgré la hernie discale, ma sciatique et ma tendinite au bras, ben je me force à être debout devant mon verre.

21- Auxiliaire de vie !
-    T'en a juste besoin avant de crever.

22- Un terroriste sexuel, c'est celui qui fait des attentats à la pudeur.

23- Ma femme ne me fait rien à bouffer, pourtant elle arrive bien à me faire chier !

24- J'aime faire l'amour tout seul devant la TV, et surtout que ma femme ne vienne pas me faire chier.

25- Les prostituées vendent leurs corps beaucoup trop cher …
-    Moi, juste un petit bout me suffit.

26- Mon Mec, au réveil, c'est comme un élastique, il s'étire et il pète.

27- La nature est bien faite car il n'y a qu'une jument qui peut se taper une bite de cheval.

28- On n'aurait jamais été gosse, on n'aurait pas eu envie d'en faire.

29- Un truc qu'est bien chez moi, c'est que je ne suis pas jaloux…
        Enfin, bref, j'ai qu'un chat à la maison.

30- J'ai connu une centenaire qu'a tenu presque jusqu'à 95 ans...Puis quoi, après elle est morte quand même.

31- Ricard a tué plus de gens que les deux guerres mondiales réunies. Pourtant ce génie de l'alcool et le bienfaiteur de l'humanité.

32- Egalité Homme/Femme … OK !
        Mais si c'était le contraire ?

33- C'est la journée de la femme aujourd'hui, alors je ne rentre pas.
    -    Tu ne veux pas lui faire plaisir…
    -    Bien si, justement !

34- Un PD, je le sens tout de suite, surtout quand il essaie de s'introduire.

35- La mort, ça bouleverse ta vie car après, t'as plus rien à faire.

36- Le fond de son slip, c'est l'autobiographie des restes de ce qu'il a ingurgité pendant le mois.

37- Et chez vous… ?
- Les Immams, les Rabbins … Ils se tapent aussi les gosses.

38- T'es PD à l'instant où tu te fais enculer, même si celui qu'est derrière, ne l'est pas !

39- La sodomie, c'est violent, surtout quand tu vas jusqu'au Burn out de l'hémorroïde.

40- Bah, tous ces PD sont juste Gay parce qu'ils ont la bite noire.

41- Je suis juste séparé d'avec ma femme parce qu'elle est morte et moi je suis vivant.

42- C'est de la couille le Porno, c'est tellement bidouillé qu'il n'y a peut-être même pas d'acteurs…

43- Pour info, tous les ¼ d'heure, une femme se fait violer en France.
- Bah, ce n'est pas toujours la même.

44- Toujours tout pour les PD !
-	Ils ont réussi à les soigner contre le Sida
	mais moi, toujours rien pour mes
	hémorroïdes.

45- Ma femme, c'est une magicienne, elle arrive
à me faire grossir la bite et me faire fondre mon
portefeuille.

46- Un PD qui se prend des "rafalées" de
giclées de têtards dans le cul. Ça ne fait pas un
sujet de société.

47- Avec quel savon je dois me laver la bite,
parce que ma femme veut un bébé bio.

48- Au Brésil, les Brésiliennes sont des hommes
et ce sont les gosses qui violent les parents.

49- Le nerf de l'amour… C'est la bite !

50- Si l'homme a colonisé la terre ce n'est pas
grâce à son cerveau mais juste à ses couilles.

51- Ma femme pour arriver rapidement au point
G de son cul, il faut commencer par mon poing
droit dans sa gueule !

52- Quand on monte les Français les uns sur les autres, on arrive à en faire tous que des PD.

53- On ne regarde pas les même films ma femme et moi, mais on utilise tous les deux des mouchoirs...

Avec ses films d'amour, elle s'essuie les yeux et avec mes films à moi, je m'essuie la bite !

54- Aujourd'hui, faire des bébés-éprouvette c'est la mode...

Moi, j'ai fait le premier avec une potiche, le deuxième avec une cruche et on n'en a pas parlé.

TRAVAIL

1- Une paye correcte, c'est quand t'as plus besoin d'aller bosser !

2- Je travaille pour le Conseil Général.
- Comment… ? Tu payes une tournée générale ?

3- Ben non ! Faut de la conscience professionnelle, on ne fait pas un A.V.C pendant son temps de travail.

4- 5 millions de chômeurs en France, par rapport à l'Afrique, c'est plus que raisonnable.

5- T'as pas peur d'aller à l'A.N.P. E et qu'ils te trouvent du travail ?

6- Quand j'étais en usine, j'aimais bien regarder les autres travailler.

7- L''ordinateur travaille plus vite que notre cerveau car lui picole pas !

8- Le courant marin n'est pas électrique puisqu'il n'y a pas de terre sur un bateau.

9- Quelqu'un qui fait son boulot alors qu'il n'aime pas le faire, devrait être payé double.

10- C'est au bistrot qu'on parle le plus de boulot…

Et pourtant, ce n'est pas là qu'on boit le plus !

11- Il y aura de la justice sociale quand les pauvres pourront aussi faire de l'évasion fiscale !

12- C'est normal que les routiers puissent conduire chargés, ils ont le 38 tonnes.

13- Avant on avait un Prof de maths, un prof de Français, un prof de sport.
    Maintenant on a un Prof absent, un prof en stage, un prof malade !

14- Je n'ai pas de boulot car j'ai que du courage dans le bras gauche et je suis droitier.

15- Le travail c'est foutu.
        Ils ont inventé trop d'outils.
            Et le temps que t'apprennes à t'en servir …
            Ben t'es déjà en retraite !

16- Reculer l'âge de la retraite, pour les chômeurs, c'est du temps perdu.

17- Pourquoi allez au 3ème régiment du Génie, sois ambitieux, va au 1er.

18- Avec ce chômage/, faut plus faire des gosses, il n'y aura plus de retraite et quand ils seront vieux, il faudra toujours s'en occuper.

19- Depuis que je suis au chômage, j'ai plus
l'temps de rien faire.

20- J'ai aussi fait livreur de viande.
-     Avarié…
-     Non, à Toulon !

21- C'est autre chose le Made in France
fabriqué en Chine.

22- Chez moi je vais faire un crépi piquant pour
pas que les mouches se posent dessus.

23- Un sacré bordel la politique puisque chacun
vote ce qu'il veut.

24- Aux infos, ils disent que cette guerre, c'est
une boucherie. Et ensuite, ils te passent une
pub pour Charale ...

25- La tolérance zéro, c'est l'intolérance !

26- J'ai volé à Bazeilles et les flics m'ont arrêté à
Nice. Ces cons auraient dû m'arrêter à
Bazeilles, je n'aurais pas usé tout ce gasoil !

27- J'ai commencé par du chômage partiel mais
je me suis vite mis en longue durée.

28- Le plastique en bois, c'est presque de la
céramique !

29- On a bu 14 bouteilles à 6 mais il y en avait
trois qui ne buvaient pas !

30- Quand t'envoie un Noir au charbon, ce n'est
pas grave car ça ne se voit pas !

31- Après 35 ans de chômage, c'est sûr que
t'attends la retraite avec impatience.

32- A l'école, tu n'apprends rien. Mais quand
t'es chômeur, ça te sert toute ta vie.

33- Je ne dors pas en faisant rien, car j'ai de la
mobilité dans mon travail.

34- Je ne me dépêche pas pour arriver moins
vite en retard.

35- Quand tu as rêvé toute la nuit que tu étais
au boulot, le matin, tu ne peux pas te lever et y
retourner.

36- Si tu réfléchies trop au travail … Tu ne fais
rien !
- Au chômage, t'as le temps de réfléchir,
mais tu ne fais rien quand même.

37- C'est parce que le bénévole ne se fait pas
payer que les patrons prendront bientôt que des
"benevaux"

38- Le chômage a encore de beaux jours
puisqu'au travail, tu ne peux plus boire.

39- Le chômage, c'est un réservoir pour le
travail et nous les chômeurs, dans ce réservoir
on est souvent plein !

40- Même les Chinois de Paris, ce sont des
copies car ils ne sont pas nés en Chine.

41- Jésus, c'était avant tout un syndicaliste car
avant lui, tout le monde bossait le dimanche.

42- Tranquille à la bétonnière… Avant, sans
elle, je montais le béton en Mayo !

43- Si je gagne au Loto, j'aurais moins honte d'être au chômage.

44- Je pèse mes mots, mais entre 1 tonne et 1000 kg, t'as pas 500g d'écart…

45- Si l'homme est vraiment constitué de 80% d'eau…Je ne vois vraiment pas l'utilité d'en rajouter au Ricard !

46- Trop con ces touristes Chinois qui viennent acheter des souvenirs parisiens fabriqués chez eux.

47- Un bon peintre ne fait pas tenir la 2ème couche sur la première, mais sur le mur.

48- Moi, je suis toujours debout avant que je me lève.

49- Il faut un bon pinceau pour ne pas étaler la peinture à l'envers.

50- T'es né avant moi, mais grâce à mes heures supplémentaires, j'suis plus vieux que toi.

51- Ils veulent nous faire bosser jusqu'à Alzheimer, et ensuite on oubliera de partir en retraite.

52- Il est docteur en orthographe car il soigne les mots.

53- Entretenir les routes, c'est utile, vu le nombre de fois où les talus la traverse…

54- Mais si, les télévisions sont subventionnées...Tiens, regardes J.P.Pernaud à midi, juste pour l'apéro !

55- Il joue tellement bien de la guitare qu'on dirait du piano.

56- Les emplois réservés au handicap, ça va juste encourager les gens à s'handicaper.

57- Quand je te regarde servir les bières, on se rend compte du génie humain ….
        Et dire qu'il n'y a aucun barman meilleur ouvrier de France.

58- Quand tu regardes la Joconde et la Mona Lisa de Léonard de Vinci, tu te rends bien compte qu'elles étaient jumelles.

59- Moi, le mètre, je l'aurais bien inventé, mais le kilomètre...ça jamais, fallait vraiment y penser.

60- Un chômeur qui se meurt d'ennui, c'est un accident du travail ou pas ?

VIE QUOTIDIENNE

1- Si je n'avais pas soif, je mangerais n'importe quoi !

2- Quand je discute avec mon chat, le chien, il comprend tout !

3- Il avale vraiment n'importe quoi... Un chat dans la gorge ? On se demande comment il est rentré !

4- En Bretagne ils sont obligés de faire du lait à 12 degrés, sinon les marmots ne boivent pas, ce n'est pas mauvais et c'est moins fort que le lait de leur mère !

5- Je n'ai pas de père ni de mère mais j'ai été baptisé puisque j'ai ma carte d'identité.

6- Ce n'est pas ma faute... J'ai percuté cette bagnole parce qu'elle était trop longue !

7- Je suis né en face de chez ma mère ... C'est pour cela qu'elle ne m'a jamais reconnu.

8- Si j'étais né au États Unis ... J'aurais été malheureux car je ne sais pas parler Anglais.

9- Je m'enferme toutes les journées au Café du Pont, car je suis un prisonnier volontaire !

10- Tu peux fabriquer ta voiture électrique en branchant le moteur sur l'autoradio !

11- Si t'écris en minuscule, les fautes sont plus petites.

12- A nous tous, on n'est pas plus de deux !

13- Quand tu vois un chat rouge… C'est qu'il est écrasé.

14- C'est vrai qu'il est moins con avec son blouson à bandes réfléchissantes.

15- Obama a été élu car les Ricains n'ont pas voté blanc !

16- On a perdu le tournoi de pétanque parce que mon coéquipier tenait ses boules à l'envers.

17- J'ai gagné, je suis arrivé troisième.

18- J'aime les chauves qui sont bruns !

19- Avant l'invention de l'écriture, on lisait comment les livres ?

20- En Polonais, même les signatures ne se traduisent pas !

21- Quand t'as envie de baisser les bras, ressaisis-toi et lève le coude !

22- C'est la racine des cheveux qui tient la cervelle. Sinon, tout se barrait par les oreilles !

23- Au chômage, l'assurance chômage, ça t'assure quoi ?

24- Il n'y a pas de triche possible au tiercé car le cheval ne voit pas son N° de dossard !

25 - Un chien savant, ça chasse pas ! ...ça achète sa viande comme tout le monde !

26- Je pousse mon Caddie à l'envers car dans l'autre sens, je tombe.

27- Mais que font ces musulmans au Secours Catholique ?

28- Ben non ! l'eau croupissante des chiottes n'est pas de l'eau de toilette !

29- Si tu secoues trop ton vélo… Il peut perdre ses boyaux !

30- Je ne suis pas dur à trouver ! Même bistrot, même place, même verre !

31- Maintenant que c'est l'Euro, on peut plus faire pile ou face.

32- Ici c'est un café d'alcooliques, et je ne suis pas dépaysé.

33- Un très beau bal et une vraie bagarre… Autant de tâches d'hémoglobine que de tâches de pinard.

34- Je ne sais jamais mon âge car je ne sais pas s'il faut compter mon année de naissance.

35- Les policiers restent impuissant devant la prostitution.

36- Il parle de ses problèmes de constipation et c'est chiant.

37- Il peut faire un emprunt et acheter ce qu'il veut. Il suffit qu'il hypothèque ses consignes.

38- Ce copain là… C'est 100% de mes amis.

39- On cueille le raisin, on le presse, on le bichonne, on le met en litre, on te le sert gentiment dans un beau verre… Et toi tu ne finis pas !

40- La seule chose que j'ai retenu de l'école,
c'est le nom de mes professeurs.

41- Le père, une vraie saloperie
    -    La mère une super salope
    -    Le gamin, un salopard
    -    Les deux gamines, des petites
         salopettes !

42- Tu peux pisser dans l'eau de la piscine…
Mais pas du bord.

43- Moi, je préfère écouter la musique en
Anglais car quand tu l'écoutes en Français …
C'est de la daube !

44- Je les ai connus alors qu'elles n'étaient
même pas nées.

A L'ECOLE, J'AI APPRIS LES COORDINATIONS DES CONJONCTIONS... MAIS, OU, ET, DONC... ET JE NE SAIS PLUS...!
AU BISTROT... C'EST PLUS FACILE... MAIS, OU, ET, DONC, MON, RI, CAR

MON GAMIN, C'EST UN PD.!
QUELLE HORREUR...!? COMMENT TU L'AS SU ?
JE L'AI TROUVÉ AU LIT AVEC LE TIEN

45- Il faut que la Télé évolue un peu et sorte de l'écran.

46- Incroyable. On m'a donné un Numéro, si tu le fais, mon téléphone sonne.

47- Tant que je ne dis pas de conneries…
        Vous ne me faites pas chier et me laissez parler !

48- Si tous les autres apprennent correctement le Code de la Route, bien moi je n'aurai pas besoin de me casser la tête avec ça !

49- Moi je ne me rappelle pas les choses que je n'ai jamais apprises.

50- Un SDF, c'est toujours à la même place, il ne se lave pas, donc il colle au mur.

51- A la vitesse où ça va, de nos jours… Le prochain siècle, on ne le verra pas passer.

52- La mère qui accouche dans une voiture étrangère, le bébé prend la nationalité de la voiture.

Quelques réactions à « CHAUD » sur l'incendie
de Notre Dame de Paris (D'après Hervé Blavier)

ALLUMEZ...LE FEU!..

Nous remercions tous les contributeurs qui ont aidé à faire ce petit livre sans prétention, nous remercions Madame Dominique Mouton-François (Artiste Peintre bien connue du département et ayant sa galerie d'art à Signy-l'Abbaye) -- dessin « 2 »

Nous remercions Mr Hervé Blavier (Designer – Professeur des écoles en art plastique et organisateur d'expositions à l'enclume à Signy-l'Abbaye) – Dessins « 1 »

Nous remercions l'homme qui soigne les maux des mots, celui qui nous a un jour ou l'autre tous corrigé, notre ami Gérard Jolly (Pour sa relecture et l'élimination des imperfections orthographiques)

Nous remercions toutes les personnes ayant servi cet ouvrage par leurs bonnes paroles souvent volées au détour de quelques verres trop rapidement ingurgités, tous ces « Bébert, Tuture, Nanard et autres » qui font vivre ce lieu. Encore merci pour ces brèves recueillies et à venir…

Et tout le reste c'est moi, mais je ne me remercie pas car je ne me parle plus depuis ce matin…

La Direction Dirigeante

www.ingramcontent.com/pod-product-compliance
Lightning Source LLC
LaVergne TN
LVHW052208200726
843508LV00015B/1907